Jedes der 1500 Exemplare dieses Buches ist einzigartig:
In jedem sind die Geschichten und Illustrationen
neu miteinander kombiniert.
Dieses Exemplar trägt die Nummer 214 von 1500.

Was ist ein Leseleben? Wer führt es? Der Lesende? Der Gelesene, der im Buch als Buchfigur existiert? Der Text gar? Der Autor und Philosoph Giwi Margwelaschwili führt auf jeden Fall ein Leseleben. Er ist als Mensch ohne Lektüre, als Autor ohne Leserinnen und Leser nicht denkbar, denn erst diese bringen Leben in seine Welt der Buchfiguren. Hier will die Buchweltnachtigall nicht nur gelesen, sondern auch gehört werden und das O nicht zwischen zwei T geraten.

Diese Geschichten sind heiter, befreiend und klar durchdacht. Zudem halten Sie ein echtes Unikat in Händen, denn es gibt keine andere Ausgabe dieses Buches, in dem die Geschichten und Illustrationen auf dieselbe Weise angeordnet sind.

Giwi Margwelaschwili wurde 1927 als Sohn georgischer Emigranten in Berlin geboren. Seine Mutter starb früh, sein Vater wurde 1946 vom sowjetischen Geheimdienst NKWD entführt und ermordet. Giwi Margwelaschwili wurde in Sachsenhausen interniert, anschließend nach Georgien verschleppt. Erst 1987 konnte er wieder nach Deutschland ausreisen. Seit 2012 lebt er in Tiflis, 2013 erhielt er den Italo-Svevo-Preis.

Im Rahmen einer Werkschau sind im Verbrecher Verlag bisher erschienen: »Officer Pembry« (2007), »Zuschauerräume« (2008), »Vom Tod eines alten Lesers« (2008), »Der Kantakt« (2009), »Der verwunderte Mauerzeitungsleser«, »Kapitän Wakusch 1 – In Deuxiland« und »Kapitän Wakusch 2 – Sachsenhäuschen« (alle 2010), die »Fluchtästhetische Novelle« (2012) sowie das Lesebuch »Verfasser unser« (2013).

Giwi Margwelaschwili

DAS LESELEBEN

Mit Illustrationen von Zubinski

VERBRECHER VERLAG

Erste Auflage
Verbrecher Verlag Berlin 2014
www.verbrecherei.de

Einbandgestaltung: Christian Walter unter
Verwendung der Illustrationen von Zubinski
Lektorat: Kristina Wengorz
Satz: Christian Walter
Druck: CPI Clausen & Bosse, Leck
ISBN: 978-3-95732-072-8
Printed in Germany

Der Verlag dankt Sandra Appelt und Fränzi Spengler.

Vorwort

Was ist ein Leseleben? Und wer führt es? Der Lesende? Der Gelesene, der im Buch als Buchfigur existiert? Der Text gar? Diese Fragen sind allesamt äußerst schwer zu beantworten.

Giwi Margwelaschwili, der 1927 in Berlin geboren wurde, führt allerdings auf jeden Fall ein Leseleben. Er ist als Mensch ohne Lektüre nicht denkbar, und er ist als Autor ohne Leserinnen und Leser nicht denkbar, denn erst diese bringen Leben in seine Welt.

Und Giwi Margwelaschwili ist der, der uns das verborgene Leben in den Texten zugänglich gemacht hat, die Welt derjenigen, die auf und zwischen den Zeilen leben. Er hat uns in seinen diversen Romanen, Theaterstücken, Gedichten oder Geschichten und in seinen Essays und Aufsätzen immer wieder mit der Nase auf jene gestoßen, die in den Büchern leben, die erst durch die Lesenden belebt werden und dabei doch auch ein Eigenleben haben, eines, das verschiedenen Prämissen unterliegt. Jene, die Hauptfiguren sind, sind beispielsweise sehr stark ihrem Thema abhängig, müssen also stets dem Schicksal folgen, das ihre Autorin oder ihr Autor für sie bestimmt hat. Dagegen sind die Nebenfiguren freiere Buchpersonen – doch auch ihr Schicksal kann auf den wenigen Zeilen, auf denen sie auftauchen, sehr grausam sein.

Dass diese Buchpersonen ihrem unausweichlichen

Schicksal ausweichen können, dafür sorgt Margwelaschwili mit einer List: Er hat, als ganz besonderer Autor, als ein Erzähler der Erzähltheorie nämlich, die Buch- und Versweltverwaltung in seinen Texten installiert, in der fleißige und aufmerksame Buchmenschen darüber wachen, dass den Buchfiguren nicht zu übel mitgespielt wird. Die Verwaltung sorgt dafür, dass die Gelesenen nicht an Leserschwindsucht sterben, dass sie vor ihrem unter Umständen hässlichen Schicksal, das der Autor ihnen beschieden hat, bewahrt werden, dass sie gegen das ihnen auferlegte Thema rebellieren, dass sie wiederum selbst zu »Verfassern von Verfassern« aufsteigen können und dass es so zumindest zu einer Form von Gerechtigkeit kommt zwischen den Schöpfern und ihren Objekten.

Diese Suche nach Gerechtigkeit kommt nicht von ungefähr, spiegelt sich in ihr doch das Schicksal von Giwi Margwelaschwili, der 1946 gemeinsam mit seinem Vater von sowjetischen Agenten verhaftet wurde und nach langen quälenden Aufenthalten in sogenannten Speziallagern schließlich – als Minderjähriger – zu Verwandten nach Tiflis verschleppt wurde. Sein Vater war zu diesem Zeitpunkt bereits ermordet worden, was Margwelaschwili jedoch erst in den 1990er-Jahren erfuhr. In Tiflis musste er, der zwar georgische Vorfahren hatte, selbst jedoch kaum Georgisch und Russisch sprach, sich vor allem mit Büchern unterhalten – und das im wahrsten Sinne des Wortes.

So ist in den 1960er-Jahren die Lehre von der Ontotextologie entstanden, die der Philosoph Margwelaschwili über Jahre vertiefte und verfeinerte. Husserl, Heidegger,

Derrida und Deleuze standen ihm dabei Pate, doch Margwelaschwilis Philosophie geht weit über diese Vordenker hinaus. Margwelaschwili beschreibt seine Theorie in nuce so: »Mich beschäftigt seit Jahrzehnten die ontotextuelle Verfassung des Menschen, also das Prinzip, nach dem der Mensch als textlich prädeterminierter, mithin als Textweltmensch existiert, abhängig etwa von den textuellen Grundlagen der großen Religionen (also des Buddhismus, des Hinduismus, des Juden- und Christentums, des Islam), abhängig jedoch auch von anderen Texten der weltanschaulich-ideologischen Art, wie sie vor allem den geschichtlichen Gang des 20. Jahrhunderts bestimmt haben.« (in »Der verwunderte Mauerzeitungsleser«, 2010) Und andersherum geht es ihm in seinen literarischen Texten eben auch um die Textmenschen in der Buchwelt, abseits der Realwelt.

Bei aller Schwere seiner Theorie ist Margwelaschwili aber auch ein großer Spieler, leichthin und mit viel Humor erzählt er in seinen Geschichten von guten und von schlechten Lesern, von Hoffnungen der Nebenpersonen und von den Revolten der Hauptpersonen, erzählt, immer Anteil nehmend, von ihren Niederlagen und ihren Siegen.

Anfang der 1990er Jahre kehrte Margwelaschwili, im Gepäck eine große Zahl unveröffentlichter Manuskripte, nach Berlin zurück. Seither erschienen mehr als ein Dutzend Bücher und unzählige Artikel. Der Autor, der jetzt wieder in Tiflis lebt, wurde mit vielen literarischen Preisen geehrt, etwa dem Brandenburgischen Literaturpreis und der Goethe-Medaille, zuletzt erhielt er den Italo-Svevo-

Preis. Zudem trägt ein Preis, der Verdienste um den deutsch-georgischen Kulturaustausch prämiert, seit 2014 seinen Namen.

In der hier vorliegenden Auswahl finden sich kurze Texte, die bereits in den Sammlungen »Der ungeworfene Handschuh« (1992) und »Leben im Ontotext« (1995) veröffentlicht wurden, hinzu kommen ein zwölf Texte, die hier erstmals publiziert werden.

Die Besonderheit dieser Ausgabe liegt aber noch in einem anderen Detail: Mithilfe der technischen Möglichkeiten in der heutigen Buchherstellung erscheinen die Texte und die eigens hierfür angefertigten Illustrationen von Zubinski in jedem gedruckten Exemplar in unterschiedlicher Reihenfolge. Und damit ist es wie im richtigen Leseleben: niemand in der Buchwelt kann ahnen, wann was gelesen wird, niemand weiß, welches Buch als nächstes zur Hand genommen wird.

Folglich spielen wir in diesem Buch mit den Texten so, wie es der spielerische Denker Giwi Margwelaschwili liebt: Er mischt die Karten, er gibt uns die Handlung vor – und wir müssen aktiv lesen.

Ein jedes Buch ist also ein neues Buch, und dieses Buch, das Sie jetzt hier in Ihren Händen halten, ist im Wortsinne einmalig: Es ist ein Unikat.

Lesen Sie gut!

Die leere Trauer

Ich bin ein lyrisches Ich, das tiefe Trauer empfindet. Ich klage aus Liebe zu einer, die heute längst dahin ist. Ach, ich weine über Unwiderrufliches, und in meinem Gedicht fallen meine Worte langsam und bitterschwer wie Tränen.

Doch leben kann ich nur dank meiner Leser. Seit mir das bewußt wurde, weiß ich nicht mehr, wozu trauern ...

Als ein ungelesenes Ich bin ich ja nicht lebendig. Als Gelesenes lebe ich aber auch nicht. Denn faktisch ist es ja nur mein Leser, der mich lebendig macht und dabei trauernd meine Worte nachsagt, zumeist nur nachdenkt, der allerdings selbst nicht trauert wie ich.

Sooft ich gelesen, also von einem realen Leser »er- und ge-lebt« werde, geht da ein Nichttrauernder durch meine traurigen Worte, ein Jemand, der ich gar nicht bin.

Bedauert mich! Betrauert mich!

Ferment

Hörst du es gären? Leise gluckert die Ideenbouillon. Organischer Lesewirkstoff regt tragische Gedankenvorgänge an, bläht sie, haltlos fermentierend, auf zu immer größerem tödlichen Sinn. Das kann bis zum Weltuntergang durch Kernspaltung so weitergehen.

Und dem Ferment geschieht nichts. Es ist – selbst unvergänglich – immer als Werkausgabe zu haben, immer weiter zum Probieren da für neue Selbstmörder. Alle solche, sagt man, sind heute wieder ganz besonders herzlich eingeladen, es auszulesen.

M

Zwei T gegen ein O

O wird andauernd von zwei T beschattet. Die wollen es in ihre Mitte nehmen und abführen. Solange O lebt, schleichen sie von beiden Seiten auf das arme, runde Ding zu. Um O nicht zu erschrecken, bleiben die T oft in der Ferne stehen. Da beruhigt sich O und denkt, es seien nur Kreuze über fremden Buchstabengräbern. Das ist aber eine Täuschung, und sooft sich O umsieht, hat es die zwei an seinen Fersen.

Manchmal möchte O wütend kehrtmachen gegen seine Verfolger und sich wie ein Lasso über die zwei elenden Stecknadelhälse werfen und sich im Würgegriff darum zuziehen. Aber das geht leider nicht. O kann nur vorwärtskugeln, solange es da ist.

Die zwei T (die das natürlich wissen) rücken O mit der Zeit immer näher auf den runden Leib und werden immer frecher. Bald flankieren sie O und halten, vorerst immer noch in einem kleinen, respektvollen Abstand, mit ihm Schritt. »Wir drei«, sagen sie dabei schmeichelnd zu O, »ergeben doch zusammen einen Sinn. Bist du nicht müde, immer nur ganz allein für dich völlig bedeutungslos zu kullern?«

»Nein!« schreit O und möchte davonlaufen. Aber es rollt kaum noch.

»Na, komm mal!« sagen die T dann in dem Moment, als O schon schwankt und umsinken möchte. »Wir halten dich fest. Siehst du? So!«

»O!«

Hoffnungsloser Fal

Kennen Sie die arme Buchperson, die da klagt: Ach, die Heimat, ach, die Heimat. Fen ferd ich fiedersehen, ist so feit? Sie treibt auf den Fellen feiter Meere in einem Falfischbauch …

Der Fall ist hoffnungslos. Wenn sie so weiter klagt, muß der Wal, der hier von der anderen Schreibweise seines Namens verunwirklicht, nämlich völlig benommen, daherschwimmt, durch das fortwährende Geschrei in seinem Körper wieder zu sich gebracht, aus seiner Lethargie aufgerüttelt werden, was heißt: der Fal würde wieder zum Wal, seine Verdauung setzte ein und unser Mann fände im Gedärm des Tieres sofort den Tod.

Da nichts daran zu ändern ist, die Buchperson jedoch möglichst schonend über ihre Lage informiert werden muß, fliegen wir im Hubschrauber der Buchweltverwaltung über den feiten Meeresfellen, wo der Fal schwimmt, und rufen der Armen auf Ultrakurzwellen zu: »Falfischbauch ist deine Heimat. Falfischbauch ist deine Heimat. Falfischbauch ist deine Heimat!«

k

Leserohrenglück

In der Gedichtwelt singt eine Nachtigall. Begeistert hören dies alle Gedichtweltpersonen und horchen glücklich lächelnd in die Richtung der kleinen Sängerin.

Nur der Leser, der mit auf der schönen, grünen Gedichtweltwiese sitzt, ist mißgelaunt. Er ist sogar sehr verbittert. Und dem Untröstlichen ist nicht zu helfen. Er kann ja den Gesang nicht direkt erleben. Er kann ihn nur lesen.

Das merkt die kleine Sängerin. Um jetzt auch dem Leser hörbar zu werden, strengt sie ihr Kehlchen ganz besonders an und singt und singt und singt und stirbt auf ihrem höchsten und schönsten Ton.

In der Gedichtwelt hat man nichts gemerkt, denn die Nachtigall sang ja im Versteck. Man glaubt dort, sie sei bloß verstummt, und bedauert die immer länger werdende Pause des Konzerts.

Der Leser aber ist ganz sprachlos vor Glück. Man bedenke: Er hat eine Gedichtweltnachtigall einfach so, ganz ohne Buchstaben, unmittelbar vernehmen können.

Das kürzeste Buch

Du schlägst es auf, und gleich hast du seinen Inhalt ganz. Hier haben Buchpersonen keine Schicksale. Hier trennen sie weder Zeitpunkte noch Zeitkommas mehr voneinander. Hier stehen sie auch auf keinen Zeitseiten. Weglos lesend, siehst du sie ohne Intrigen, ohne Spannungen, einfach und viel glücklicher (friedlicher) leben.

So sind sie deine urunthematische Lektüre.

Der Fremdling in einem Liebesgefühl

Ich bin ganz ergriffen von einem Liebesgefühl, das ich selbst gar nicht fühle, das ich nur lese. Es steht in einem Gedicht.

Zart neigt sich in mir eine unbändige Sehnsucht, die nicht die meine ist, zu einem geliebten Wesen hin, das ich nicht kennen kann und doch abgöttisch verehre, ja, das mein Herz in der erlesensten, hymnischsten Weise singen und glühen läßt ...

Am Ende schwöre ich ihr (oder ihm?) meine Liebe, solange ich lebe. Aber, ach! Die dauert ja nur, solange ich lese.

B

Eine bibliobiologische Gnadenfrist

Noch kann ich dich nicht bei mir ausstreichen. Noch muß ich dich bei mir lassen und fortwährend lesen, noch bist du mein Text und Lesestoff. Vielleicht gelingt es mir einmal, und ich reiße alle Seiten, die du füllst, einfach aus meinem Buch aus. Oder vielleicht lasse ich dich dort sogar stehen. Zum Aufblättern von Erinnerungen sind alte Kapitel ja immer noch ganz gut. Ja, eines von beidem mache ich mit dir.

Aber noch ist das unmöglich, noch hast du zuviel Dasein in meinem Buch, noch bist du mir da zu erlebens- lesens- und, ich muß es zugeben, immer noch irgendwie liebenswert.

Reiner Zeilentisch

Ein herrlicher Pfirsich liegt auf dieser Zeile.

Lieber Leser, er ist für dich. Siehst (liest) du ihn gut? Er ist ganz reif, ein pralles, saftiges Himmelsgeschenk für deine Nase, deinen Gaumen, deine Zähne und Finger. Nun pass auf: Der Pfirsich auf dieser Zeile ist für dich nicht zu ergreifen. Hier kannst du ihn nur lesend sehen. Wie immer du dir dich dabei auch vorstellst, ihn greifend, riechend, beißend, kauend und schluckend, der Pfirsich bleibt, davon ganz unberührt, auf der Zeile. Du siehst ein: Dein Vorstellen war phantasiegegenstandslos, die Frucht ist hier festgeschrieben und für dich unerreichbar. Aber jetzt schiebe ich, der Autor, den Pfirsich von dieser Zeile herunter. Ich mache reinen Zeilentisch. So:

Siehst du, der Pfirsich ist nicht mehr darauf und liegt jetzt außer Zeilenreichweite, im Unlesbaren, ist aber immer noch da, immer noch nah.

Jetzt kannst du ihn dir nehmen und genehmigen. Er ist mit Phantasie ganz aufeßbar. Bis auf den Kern natürlich. Den tust du bitte in den Papierkorb unter dem Zeilentisch.

Realismus

Unter den festen Händen des Lesers krümmt und windet sich ein Gedichtweltmädchen. Da! Jetzt zwingt er die Weltverschiedene zum Kuß. Ihr Atem vermengt sich und brennt wie Lava auf den fast schon vereinigten Lippen.

Das lyrische, männliche Ich – es ist hier der einzig rechtmäßige Geliebte des Mädchens – steht, brutal weggedrängt und schluchzend, vor dieser entsetzlichen Szene. »Weh mir!« denkt dies Ich zitternd und verzweifelt. »Welche Macht schafft den Realen aus meinem Liebeslebensgedicht, bevor es zu spät ist?« Und weinend rüttelt und zerrt es an den breiten Schultern des Lesers. Es will ihn von dem geliebten Gesicht wegziehen. Aber, ach! Gegen den Realwirklichen ist der Lyrische nur ein Fliegengewicht.

So hat das lyrische männliche Ich nicht nur diesen einen, sondern jeden Leser zu dulden, so muß es das Furchtbare jedesmal zähneknirschend hinnehmen, und so kann es nur zum Gedichtwelthimmel beten, darum, dem Realismus in diesen Strophen ein Ende zu setzen und das Leben (Lieben) und Lesen streng voneinander zu scheiden. Aber wird ihm diese Bitte jemals erfüllt?

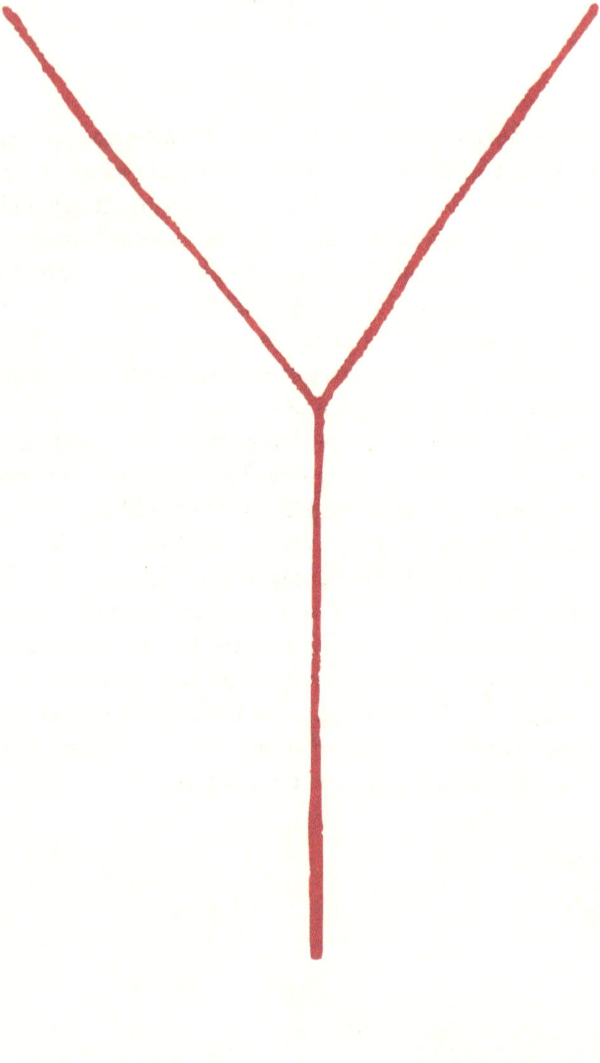

Kein Herz für ein Herz

Buchpersonen sind an sich herzlos. Sie leben nur mit Leserherzen in der eigenen Brust. Sie sterben, wenn der Leser sie gelesen und sich aus ihnen zurückgezogen hat. Das ist dann für sie der Leserherzschlag.

Und auch die Liebe der Buchpersonen ist wesentlich Sache fremder Herzen, ihnen innewohnender Leserherzen. Nur lebens- und liebesspendendes Lesen erhält sie gewöhnlich im Dasein.

Es war einmal eine Buchperson, die wollte nicht mit einem Leserherzen leben und lieben, die wollte ihr eigenes Herz haben. Sie schickte alle Leser fort, die sie lesen wollten. Und ihr ist auch wirklich mit der Zeit ein eigenes Herz in der Brust gewachsen, sie ist heute schon ganz leser-lebens- und liebesunabhängig: Ja, das hat sie geschafft!

Aber in der Zeilenwelt ist diese Buchperson ganz unsichtbar geworden und völlig allein. Jetzt möchte sie sich am liebsten ihr eigenes Herz ausreißen und ein Leserherz dafür haben. Doch das geht nicht mehr. Schrecklich, nicht?

Engelsflug

Der steinerne Engel an der Kathedrale zu Chartre flog dort ab und kam mit überleselebensstarkem Flügelschlag hinauf in die Gedichtwelt. Hier verschnauft er bis heute noch in den berühmten vier Strophen.

Doch der Welt- und Stoffwechsel war für ihn sicher sehr anstrengend. Etwas schief lächelt er den wenigen Lesern zu, die ihn da mal aufblättern.

Aber man fühlt: Er sammelt neue Flugkräfte. Sein nächster Luftsprung trägt ihn wieder in den Himmel.

Privates Thema

Eingereiht in eine millionenbändige
Weltgeschichte,
steht dein Privatgeschichtsbuch
von bestenfalls
sechzig aktiven Jahresseiten.
Die wenden sich alle um
(zurückgeblättert werden kannst
und willst du ja nicht),
ja, und dein privates Thema,
das kam dabei nie von der Stelle.
Mann, mit fünfzig ist von dir
Noch nichts erschienen!
Glaubst du Tor, daß du bis sechzig hier
noch irgendwie herauskommst?
Pech! In dieser Weltgeschichte
Warst du kein Lese-Lebensstoff!

Vom Büchersterben in einem Lese-Lebensfluß

Ideologisch verschlackt ist der Fluß des Lebens. Zwischen kahlen Ufern schiebt sich träge die Strömung.

In meiner Kindheit – da war er noch ein eiliger, glasklarer Bach – wimmelte es hier nur so von Büchern. Ich weiß noch: Mit der Hand zu greifen waren sie, die Texte, o, wie viele! Heimatliche und fremde in jeder Zahl. Wie sie hochsprangen und mit ihren schwungvollen Titeln lockten: Da! Fang und lies mich! In jener Zeit war unser Stromland noch grünes Wiesengebiet: Gedanken wuchsen frei und dicht. Lese nur und ernte!

Als dann später die Leere Besitz nahm von unserem Strom – wir beide waren größer geworden – und der erste Staudamm die Flut abriegelte, o, wie schnell entflohen da all die schönen Bücher aus unserem Leben! Wenn sich heute mal noch eins bis zu uns verirrt und sich von wem angeln läßt, so nennt man das ein seltenes Lese-Lebensglück.

Richtige Bücher schwimmen und schwärmen – sagt man – immer noch in Riesenzahlen hinter den Grenzen unserer Lehre. Aber, ach, wie fließe ich dorthin?

Das traurige Los einer Psyche

Schon viel zu oft hat die Seele dieser todgeweihten Gedichtweltperson ihren siechen Körper verlassen, und auch viel zu oft schon kehrte sie wieder in ihn zurück, um noch an ihr Leben im Jenseits zu glauben.

Erlöstes Aufsteigen nach dem Elysium? Selig vor Gottes Throne knien? Die Wonnen des Himmelreiches erleben? Das erhofft sich diese arme Seele heute nicht mehr.

Wovon sie nur weiß, ist der Aufstieg in den Kopf des Lesers ihres Sterbens, das sekundenschnelle Aufleben in ihm als realer Nachgedankengang und der jähe Absturz aus seiner Reflexion zurück auf das Totenlager ihres endlos gequälten Gedichtweltleibes.

So muß die Leidende immer hinauf und hinab. So hat sie niemals Ruhe, nirgends Rast, denn ihr Schicksal ist die Lektüre. Ach, in der Buchwelt erwartet Psyche kein ewiges Leben, bestenfalls nur ewiges Lesen.

Ein Leser mit harten Nerven

Ja, lieber Leser, du bist ein Braver. Du bekommst den Tapferkeitsorden der Versweltverwaltung. Hast du die Kraniche gefüttert? Ja? Dann lasse jetzt die Vögel fliegen! Der Ibykus braucht sie hier nicht mehr, da du doch einwilligtest, an seiner Statt in dem Hain (im Gedichtweltstrophenraum Nr. 2) die beiden Mörder auf dich zu ziehen. So erhalten wir uns Ibykus, den Götterfreund, am Leben, und er kann in Korinth am Wettkampf der Barden teilnehmen.

Die Mörder, lieber Freund, werden gedichtweltstrophenthematisch auf dich eindringen und dich mit ihren Schwertern durchbohren. Aber du bist ja von Lesersubstanz, und wie sehr sie auch auf dich einhauen mögen, du bleibst ganz unversehrt. Da werden sie, meinend, einen Gott getroffen zu haben, schaudernd entfliehen, und du wanderst weiter nach Korinth, um den Ibykus zu hören. Das ist alles.

Unangenehm ist nur – wir verheimlichen es dir nicht –, die Schwerthiebe leserpsychologisch zu erdulden. Dazu gehören Nerven. Aber du hast sie. Das ist sicher. So, jetzt sind die Kraniche fort, und du kannst losziehen. Geh, lies, lebe und leide für den Ibykus!

Die Versweltverwaltung wünscht dir viel Erfolg.

Tödliches Spektrum

Buchpersonen haben im Durchschnitt nur eine recht kurze, reale Lebenszeit im Bewußtseinsspektrum des Lesers. Dort, wo es am hellsten ist (das ist im Moment der Lektüre), leben sie am schönsten. Thematisch ist es mit ihrem Schicksal vielleicht nicht weit her. Wenn sie etwa einer Tragödie angehören, welche verlangt, daß sie sterben müssen, so ist das sicher kein Vergnügen. Aber schlimmer, finden sie, sei das Ende des Spektrums: als völlig kraftloser Ideenstoff und in totaler Sujetweltfinsternis vergehen zu müssen, ohne daß ihr verzweifeltes Schreien (es ist dann viel zu leise) noch das geringste Echo auslösen würde ...

»In einem Bewußtsein mit ewiger Lesezeit zu leben!« sagte einmal eine Buchperson zu mir. »Kein Spektrum, nur Zentrum! Das wäre was anderes! Sag doch mal bitte, gibt es nicht so was bei euch?«

»Ja, beim Allwissenden«, erwiderte ich zögernd. »Aber der ist, soweit ich weiß, nur mit der Realwelt und ihren Realpersonen befaßt.«

Ich hätte das lieber nicht sagen sollen, denn seither kommen mir die Buchpersonen, mit denen ich lebe (die ich liebe und lese) immer mit der Frage: Wie werden wir zum Lesestoff von Gott dem Herrn?

Ernte in einer Verswirklichkeit

Vor diesem unvergänglichen, gelb gleißenden Kornfeld unter einem ewig blauen Himmel hat die Buchweltverwaltung ein Schild aufgestellt. Das sagt »Achtung! Hier wird nicht gemäht!«. Und so fahren die Schnitter auf ihren quietschenden Karren immer daran vorbei. Es ist ein besonderes Ährenfeld, ein hohes, goldenes Dickicht, das eine kleine Verswirklichkeit ausfüllt, ein welliges Versährenfeld.

Ab und zu macht jemand davor Halt und geht hinein. Dann schlägt die goldene Flut über ihm zusammen. Das sind die gelegentlichen Leser unseres Versährenfeldes. Viele rennen ungeduldig hindurch. Aber mancher weilt auch länger, unsichtbar versenkt, tief im Schoß dieses Korns. Das ist der richtige Besucher. Wir erkennen ihn gleich an seinem verträumten Blick, wenn er vergoldet und ährenbekrönt wieder dort hervorkommt.

Kahnfahrt mit Leser

Hier, lieber Leser, ruderst du auf einem stillen Waldsee. Den denke dir, wie du willst! Denn das ist deine poetische Phantasiekahnfahrt. Im Boot sitze ich dir gegenüber für den Fall, daß dich eine Einbildungsschwäche packt. Geschieht das, so mußt du es mir gleich zurufen. Dann ergreife ich die Ruder.

Sehen kann ich hier ja nichts: weder Wald noch See, weder dich noch Kahn. Aber ich weiß, daß ich mich in der poetischen Weltselbstanschauung meines rudernden Lesers befinde. Nun sag: Ist das nicht wundervoll?

Und merke dir bitte noch dies: Wenn wir das Ufer erreichen, mußt du es mir auch gleich sagen. Dann ist deine poetische Kahnfahrt hier mit mir zu Ende.

Der Gedichtweltnachtwächter

Da sind zwei, ein Gedichtweltmädchen und ein junger Gedichtweltmann, zärtlich beieinander. Ihre Küsse erneuern sich endlos. Sanfte Müdigkeit will ihre Augen schließen, aber ihre Herzen glühen immer weiter. »Welch eine Nacht!« jubeln sie und leeren nach jeder stürmischen Umarmung ein Glas Wein auf das Wohl ihres Lesers.

Der sitzt vor ihrem Haus und hält die Nacht mit seinen Phantasiearmen fest, er hat den Mond, diesen silbrigen Schleicher, auf einen Gedichtwelthimmelspunkt gebannt und allen Sternen das Verlöschen verboten. So können die Liebenden im Haus ihre Liebe in Ruhe genießen. Für die sonst nicht viel Zeit ist, denn mit dem Morgen kommt die Trennung: Der Jüngling muß aufs Pferd und fort, und ihr Glück ist vielleicht für immer vorbei.

Nun sagen Sie selbst: Ist ihr Liebesleselebensverlängerer nicht ein außerordentlicher Mann? Welcher gewöhnliche Leser denkt in einem Liebesgedicht schon daran, sich für die Liebenden phantasievoll einzusetzen? Das wissen die zwei verliebten Gedichtweltpersonen in dem Häuschen auch, und darum stoßen sie an auf das Wohl ihres Lesers und gratulieren sich zu einem so ausgezeichneten Gedichtweltnachtwächter.

Das Wegpusten einer Buchweltkriegsgefahr

Achtung, lieber Leser! Da badet Siegfried gerade in dem Blute des von ihm erschlagenen Lindwurms. Siehst (liest) du ihn gut? Schön! Jetzt schleiche dich bitte heran und warte!

Denn gleich wird das Blatt, du weißt: das unglückliche Baumblatt, niederschaukeln und, zwischen den Schultern des Helden gelegen, verhindern, daß das Drachenblut an diese zentrale Stelle seines Rückens kommt und sie unverwundbar macht.

Was dann passiert, ist dir bekannt: Wenn Siegfried später an der Quelle kniet und trinkt, trifft ihn Hagen hinterrücks mit dem Speer, und Jahre darauf wird wilde Gattenrache den Vernichtungskampf zwischen Burgunden und Hunnen entfesseln.

Dieses Unglück geschieht aber nicht, wenn du, Freund, jetzt das Schicksalsblatt von Siegfrieds Schultern wendest, wenn du es von ihm wegbläst. Das geht: Dein realer Leseratem ist ja hier viel stärker und treibt es ohne weiteres hinfort.

Vorsicht! Da ist es schon, das Blatt! Da schwebt es langsam auf den Helden herunter. So puste denn, lieber Leser, puste tüchtig und verhindere den epischen Buchweltkrieg zwischen Osten und Westen.

Unstimmigkeit als Fundament von Liebeskorrekturen

Prüfe jede Lebensseite deiner Geschichte! Tue das mit besonderer Aufmerksamkeit und unbarmherziger Selbstkritik bei den liebesgeschichtlichen Kapiteln! Streiche hier mit roter Tinte alle deine Fehler an, bringe heraus, wo du mit ihr (oder ihm) ungerecht verfuhrst: dein unbegründetes Mißtrauen, deinen Egoismus, deine Hysterien, kurz: dein ganzes unmögliches und schandvolles Benehmen! Erkenne den Bruch zwischen euch als die unvermeidliche Folge eures – und vor allem deines – unverzeihlichen Verhaltens! Die so korrigierte Liebesgeschichte schicke dann an unseren Verlag! Es ist der Liebesleselebenstextverlag.

Hier hat uns dein Liebesgeschichtenpartner (er oder sie) inzwischen seine ebenfalls revidierten Lebensseiten zugeschickt, und wir vergleichen die Texte. Wenn die Korrekturen zusammenfallen, wenn er oder sie dich zum Beispiel als gefühllosen Lumpen bezeichnet, ist euch nicht mehr zu helfen. Wenn sie aber auseinandergehen, wenn er oder sie alle oder wenigstens einen Teil der Schuld auf sich nimmt, dann besteht immer noch die Hoffnung auf Versöhnung, auf die Wiedervereinigung eurer Geschichte in einem Band.

Nun, lieber Leser, wie ist es? Möchtest du deinem Liebeslebenslesekummer nicht noch einmal eine Chance geben, sich zu verflüchtigen? Unsere Telefonnummer ist 20121987.

Für immer Aschenputtel

Also: Der Fortschritt muß sein, und für die Republik bin ich ja auch. Aber die Revolution so Hals über Kopf auch in der Buchwelt einzuführen, das, liebe Leute, halte ich für falsch.

Da haben sie nun neuerdings sogar in Grimms Märchen jeden König gestürzt und alle Königssöhne entrechtet. Auf den hohen Schlössern in diesen schönen Erzählungen flattert heute lustig die Fahne der Republik.

Aber die hat nicht jeder armen Buchperson da Glück gebracht. Das Aschenputtel – um nur ein Beispiel zu nennen – kann, weil es ja in seinem Märchen nun keinen König mehr gibt, der Feste geben könnte, nirgends mehr tanzen gehen und so auch nirgends mehr einem Prinzen begegnen. Es muß nun Zeit seines thematischen Lebens in der Asche sitzen, sich von der Stiefmutter beschimpfen lassen und immer staubig und schmutzig sein.

H

Ein leselebensgefährlicher Text

Vorsicht heute mit »Die Leiden des jungen Werther«! Werther duldet nämlich nicht mehr, daß man ihm zusieht, wie er leidet. Die Pistole hebt er ab jetzt gegen jeden Leser und läßt die Kugel fliegen.

Bei Gott, es ist sicherer, Abstand zu halten. Neulich erst fiel jemand nach einem Kopfschuß, tot durch die Lektüre, um.

Der Leser im Tempelwort

Minarett!
Hörst du den Muezzin, lieber Leser?
Er ruft dich.
Geh hin und betrete
das Tempelwort!
Erlebe die Beter!
Den Gottesdienst!
Lasse den Sinn der drei Silben
Mi-na-rett
deine Phantasieweltwirklichkeit sein!
Ja, und dann verlasse das Heiligtum
bitte möglichst unbemerkt, bitte nur
auf Zehenspitzen,
daß die Beter dort vielleicht
auch ohne dich
noch ein Stückchen weiterbeten!

Die zwei Pässe

Lange bevor ich meinen Paß bekam und Realstaatsangehöriger wurde, war ich biblischer Buchweltbürger. Mein Paß hier ist mein Taufschein. An den Grenzen des heiligen Buchweltlandes gibt es keinen Schlagbaum und keine Zollabfertigung. Ganz unbehelligt geht man hinüber. Und dort geschieht dann das Wunder: Wir erfahren, daß Leben, Lieben und Lesen eins sein können, sein müssen.

Mein zweiter Paß ging mir schon vor langer Zeit verloren, und ich werde ihn auch nicht erneuern. Mir genügt mein erster Lebe-Liebe-Lese-Paß.

Das absolute Gedicht

Das absolute Gedicht läge vor, wenn es den Lesergeist umfaßte und ihn nicht mehr losließe wie der Bernstein das Insekt, wenn das Leserleben auf wenigen Zeilenquadratmetern für immer abgebremst lebte, wenn es das Leben aller Leser wäre und durch diese totale poetische Integration alle anderen Lesestoffe in Ewigkeit leserlos blieben. Natürlich müßte die totale Leselebensgefangenschaft eine freudig ertragene sein.

Der unerfüllbare Wunsch aller weltanschaulichen Theorie: wie absolute Poesie gelesen, geliebt und gelebt zu werden.

Ausgehängt in Totenköpfen

Gedichte sind Wortbilder oder Satzgemälde, die nur in Leserköpfen aus- und vorgestellt werden können. Früher betrug die normale Wahrnehmungszeit für Derartiges gewöhnlich ein paar Bewußtseinssekunden pro Bild. Heute ist das nun leider schon die Aus- und Vorstellungsdauer für ganze Wortbildergalerien.

»Wir können heute nichts mehr ausstellen und also auch nichts mehr vorstellen«, klagte neulich bekümmert ein guter, alter Wortbildmaler. »Unsere Bilder hängen wie in toten Köpfen.«

j

Versweltzeitzeilenstromaufwärts

Wie verhindern, daß dieses Liebespaar in seiner Verswelt immer älter wird und ihr schönes poetisches Liebesglück spurlos verrinnt? Denn das verlangt das grausame thematische Schicksal dieser zwei Versweltmenschen, so ist es ihnen gedichtlich (versweltgeschichtlich) bestimmt.

Furchtsam schmiegt ihr Glück sich an die beiden. Es weiß sich hier verloren und zittert vor seinem Lese-Lebensende auf diesem poetischen Zeilenstrom. Aber die beiden sind Versweltpersonen – und solchen können wir helfen.

Wir zeigen ihnen einen Kahn und sagen zu den Erstaunten: »Setzt euch dort hinein! Dieser Nachen ist von der Versweltverwaltung, und es ist ein ganz besonderes Boot. Damit könnt ihr versweltzeitzeilenstromaufwärts rudern zu Ufern, an denen euer Lese-Liebesleben ein immer jüngeres und glücklicheres sein wird. Legt euch ins Zeug, ehe es zu spät ist!«

Heute leben diese Versweltpersonen nur noch an den frühen Zeilenquellen ihrer Liebesgeschichte und ihres Liebesgedichtes. Und wie eine Forelle taucht und springt das Glück der beiden im Strom der Versweltzeilenzeit auf und ab!

Der Mord am Lesestoff

Der Mord am Lesestoff findet zum Beispiel statt, wo der Hirte, dieser Leser seines vielköpfigen und friedlich grasenden Textes, sein Messer zückt gegen ein Lamm, wo er dem verständnislos blickenden und auch sonst ganz ruhigen, wolligen Kontext-Weltwesen mit geübten Griffen die Gurgel durchschneidet, wo ein kläglich verendendes, schrilles Geblök für Sekunden die Stille der Textweltlandschaft zerreißt und wo die widerkäuende Herde an den grünen Hängen des Berges nur kurz auflauscht, um dann gleich weiter zu äsen.

Im dünnen Buch des Lämmer-Lebens ist der Tod von der Hand des Schäfers nicht aufgenommen, kein Thema.

Durchsichtiges Rätsel

Was ist das?

Es entsteht immer als Thema von irgendwem und irgendwas, als Thema, das herumläuft und sich immer weiter ausbreiten möchte, das für jeden seinesgleichen im Grunde nur etwas Un- oder Antithematisches ist, das am liebsten immer selbst gesehen, gehört und gelesen werden will, das das Weltall thematisiert, das aus allen und allem Bücher macht, das für ein (sein) Thema in den Tod gehen kann, das für ein (sein) Thema auch gerne mal seinesgleichen umbringt, wenn es ihm zu unthematisch und zu unsympathisch vorkommt, das heute in seinem Thema sitzt wie die Spinne im Netz, das sich thematisch erschöpft und dann nur in und von Erinnerungen lebt, das sich endgültig verliert, wenn man es vergißt.

Das ist der Mensch als eine zur Realwelt gekommene Buchperson.

Q

Othello vor Gericht

Ja, da stehen die Richter ratlos und können nichts entscheiden. Der Fall ist auch wirklich sehr kompliziert. Hören Sie selbst: Als Othello preßte da ein Schauspieler auf der Bühne der Desdemona, einem holden, realen Frauenwesen, seine Finger mit zuviel Eifersucht um den zarten, weißen Hals …

Kommt nun die Buchweltperson Othello ins Zuchthaus oder die reale Person, die ihn ernst nahm? Wird die Realperson als Buchperson verurteilt oder umgekehrt die Buchperson als Realperson? Oder müssen wir in dem gegebenen Fall die beiden Personen zusammen vor Gericht stellen?

Und muß – wenn wir den Othello bestrafen – dann nicht auch Jago, der ihn doch zu der Tat anstiftete, als Buch- und Realweltperson festgesetzt werden?

Bis zur Klärung dieser Fragen bleibt das Theater geschlossen.

f

Der Leser als Krankenpfleger

Lieber Leser! Erlebe dich in diesem Dichterschmerz! Nimm sein Entsetzen auf dich, seine Todesangst! Füge dich in seine Qual auf diesen Zeilen – es sind die letzten, die er schrieb! Sei seiner Krankheit Nahrung für die Dauer dieser verschriftlichten Verzweiflung!

O, versuche es wenigstens! Schon das geringste Bemühen, ihm die Tortur erdulden zu helfen, in diesem Text wenigstens ein, zwei Zeilen lang an seiner Stelle zu leiden, verschafft dem Todkranken unsägliche Erleichterung. Der gedichtete Dichter liegt dann viel ruhiger auf den Kissen. Seine Schmerzen sind ja auf seinen Leser umgeleitet, und er kann ruhiger atmen.

Leser, lieber Leser, wie ist es? Willst du dem kranken Dichter auf seinem Sterbezeilenlager nicht etwas von deinem Leben einlesen?

Klage einer Buchperson über ihre Vergänglichkeit

Vom Baum des Lesens fallen langsam alle meine Blätter. Nur ganz wenige haften noch an dem kahlen Geäst. Nackt und trostlos ragt das Sinngerüst in den winterlichen Buchwelthimmel.

O, du mein armes Leben! Wie schnell vergingst du mir doch unter den Blicken des rastlosen Lesers! Nur ein letztes abschiednehmendes Anschauen darf ich noch von ihm erwarten, und alles ist zu Ende.

Großer Buchweltgott, ich bitte dich: Sage, wann schickst du wieder einen Frühling in mein Buch? Wann belaubt ein neuer Leser den Baum meines Lebens?

Die Rettung eines Liebesgeständnisses

In dem leidenschaftlichen Liebesgeständnis einer berühmten Dichterin schwebt mitfühlend, miterlebend und verehrend der Leser. Er kennt sie persönlich nicht (die Dichterin ist schon lange tot), und natürlich kennt er auch den jungen Mann nicht, dem die zarte Botschaft gewidmet war (er lebte im vorvorigen Jahrhundert).

Dem aufmerksamen Leser entgeht nicht, daß das Gedicht jetzt genaugenommen ein subjekt- und objektloses Geständnis ist, in dem er als Leser sich wie ein Fremder lesend umherbewegt. Niemandes Bekenntnis für niemanden!

Als der Leser das sieht, wächst sein Mitleid unermeßlich.

Er läuft mit dem Geständnis fort und findet eine Verliebte. »Schreibe diese Zeilen deinem Schatz!« bittet er, ihr das Geständnis vorlegend. »Nenne ihm meinetwegen auch die Dichterin, die das schrieb, und sage, daß ihre Verse auch dein Gefühl für ihn am besten ausdrücken und daß er den Text so lesen und verstehen soll, damit wieder Leben in ihn komme!«

»Mach ich gleich!« verspricht die Verliebte, die begriffen hat, worum es geht.

Und der Leser ist froh, weil er einem kostbaren Geständnis für zwei kurze Lesemomente das Leben rettete.

Hektors Überlese-Lebenschance

Ilias, Gesang XXII,

im Zeilenaugenblick 205

Hektor stellt sich dem Achilleus zum Kampf, und dann reicht Pallas Athene, die unsichtbare und furchtbar verbündete Göttin, dem Peleiden den Wurfspieß zurück, den dieser zuerst fehlend auf Hektor entsendet, aber den er dann (im Zeilenaugenblick 326) dem Priamiden mit desto sichererem Wurf durch die Gurgel schickt.

Nun höre deine Aufgabe, lieber Leser: Wenn der Speer des Achilleus im Zeilenmoment 276 an Hektor vorbei in die Erde fährt, so springe du Phantasiebeflügelter hinzu, reiße die Waffe an dich und verweigere sie der Pallas Athene! Du kannst das. Als phantasierende Realperson zwingst du deinen Willen nicht nur Buchweltmenschen, sondern auch Sagenweltgöttinnen ganz mühelos auf.

Na, und dann werden wir sehen, ob der Zweikampf der Helden unter fairen Lese-Lebensbedingungen dasselbe Ende findet. Dann, lieber Leser, wird der Schicksalslauf auf dem klassischen Schlachtfeld ein gerechterer sein. Wohlan denn! Gehe hin und gib Hektor, gib seiner belagerten Stadt die neue Überlese-Lebenschance!

Die größte und schwerste Aufgabe für Dichter

Ihren Lesern gegenwärtig zu sein, ist der Wunsch aller Buch- und Gedichtweltpersonen, vom Lesen so real zu leben wie Realpersonen!

»Ach!« denken sie. »Wenn das nur möglich wäre! Aber es geht ja nicht. Immer entstehen wir unseren Lesern als Vergegenwärtigungen, immer erscheinen wir durch sie und niemals als autophänomenale Personen. Nie sind wir den Lesenden von uns selbst aus ersichtlich. Immer nur ein Dasein als Gelesenseinzuhabendes! Ach, gibt es ein schwereres Los unter dem Buch- und Gedichtwelthimmel?«

Um Abhilfe zu schaffen, hat die Buch- und Versweltverwaltung einen hohen Preis für alle Dichter ausgelobt. Sie sollen eine autophänomenale Gedichtweltperson erdichten, einen Gedichtweltmenschen, der seinen realen Lesern als lebendige Gegenwart bewußt ist, als ein aus sich erscheinendes Gelesensein.

Wer schafft das?

Das schwarze Tintenflußschicksal

Buchweltmenschen! Ihr alle treibt in eurem Tintenschicksalsfluß. Der wälzt sich unaufhaltsam im Bett der Sätze und Kapitel seinem letzten und unwiderruflichen Buchweltschlußpunkt zu. Darüber hinaus gibt es nichts mehr für euch. Nach dem Ablauf eurer Lese-Lebensvorschriften versinkt ihr mitsamt aller euch thematisch verwandten Tintenschicksalsflußerscheinungen spurlos im Buchweltnichts.

Wiederkommen könnt ihr nur, wenn ein neuer (oder vielleicht sogar derselbe) Leser eure Tintenschicksalsflußquelle wieder in Bewegung setzt, wenn er dem Strom eures thematisch gegliederten und geschilderten Daseins neues Leben schenkt. Dann kann aber alles wiederum nur so versickern wie all die vorigen Male: in denselben Worten, Sätzen und Kapiteln. Ja, der Tintenschicksalsfluß fließt unveränderlich.

Ach, wie wünscht ihr Buchweltmenschen euch doch zuweilen, wie Fische hochzuschnellen und euer Tintenschicksalsflußbett zu wechseln, mit einem befreienden Sprung in ein anderes thematisches Getriebe zu kommen! Und, ach, wie unerfüllbar ist euer Herzenswunsch! Eure Tintenflußschicksale halten euch für immer gefangen.

Die kosmologische Erklärung der guten Laune einer Gedichtperson

Warum jauchzt dieses lyrische Ich so inbrünstig dem Neujahrsmorgen entgegen? Warum kommt ihm das zarte Wolkenrot dieses Morgens wie Gottes Verheißung vor? Warum klingt sein freudvolles Gebet so besonders fromm und rührend im Gedichtweltraum? Weil dieser Morgen ja an sich schon der klare Beweis ist für die Gedichtweltzeitumdrehung, für den steten Fluß des Lesens (Lebens), den der Herr ihm immer noch gnädig in Gang hält. »Heil Dir!« denkt es jubelnd, »der mir die Leser noch in genügender Zahl schickt, der die Gedichtweltkugel sich immer weiterdrehen und die Menschen in allen ihren Gedichten und Geschichten in Frieden weiterexistieren läßt!«

Vogelbauer

Der Text eines Gedichts ist wie das Vogelbauer um den gefiederten Häftling. Er sollte am besten kein allzu langer und kein hermetischer sein, also ein möglichst kleiner und offener Text. Es muß so aussehen, als ob der süße Vogel von selbst dort hineinflog, als ob er aus freien Stücken Station macht bei Ihnen.

Wenn Sie keinen Vogel (kein Gedicht) haben, versuchen Sie es so: Bringen Sie einen leeren Text – ein leeres poetisches Vogelbauer – zu Papier!

Der Käfig muß offenstehen, damit es so aussieht, als ob Sie warten, daß gleich etwas hineinflattert. Auch der Eindruck, daß da etwas drin saß und nur durch einen bösen Zufall entflog, ist sehr ästhetisch.

Aber ein offenes und leeres poetisches Bauer verfassen, können Sie das eigentlich?

n

Von Buchweltschöpferlist und -liebe

In der Buchwelt widersprechen die Geschöpfe jetzt schon ihrem Schöpfer. Nein, sie wollen in kein ewiges, unveränderliches Thema mehr geraten. Sie wollen nicht mehr als Gelesene leben, keine Unterhaltung für Lektüretreibende abgeben. Nein, sie wollen lieber gar nicht mehr erschaffen werden, als immer als dieselben, mit denselben und durch dasselbe existieren, als immer zu demselben geboren werden und an demselben zugrunde gehen. Nein, nichts widerstrebt ihnen mehr als ihr Dasein aus Leselebensstoff.

Mit diesen Widerspenstigen hätten die Buchweltschöpfer heute sicher ihre liebe Not. Aber sie wissen eine List: es ist die Liebe zu einem anderen Buchweltgeschöpf oder zu einer thematischen Sache, es ist die Sehnsucht nach irgendwelchen thematischen Zielen oder der Drang nach buchweltmenschlicher Selbstvollendung. Mit diesem erprobten Stachel pieken die Buchweltschöpfer ihre Geschöpfe, und sofort vergessen diese ihren Widerstand, sofort beginnen sie, zu streben und in ihrer Buchwelt thematisch zu leben. So kommt dort immer eins zum anderen, jeder Fisch in sein Buchweltschicksalsnetz, und aus dem Leben wird etwas zum Lesen. Die überlisteten Geschöpfe der Buchweltschöpfer träumen – so wird erzählt – manchmal von einer Schöpfung mit Liebe ohne List. Aber, ach! Die gibt es leider nicht.

Vom Warten auf coole Leser

In meinem Eisblumengarten Blumen pflücken, sie dann bei sich daheim in eine Vase stellen, den Eisblumenstrauß bei sich haben und sich daran erfreuen, daß er nicht wegtaut – wo ist der coole Leser, der das macht?

Keine Kripo in der Lyrik

Das ist wirklich ein schönes Gedicht. Wir sehen herbstlich fruchtvolle Gärten. In hohen, tönernen Krügen funkelt bei den Bauern der goldgelbe Wein. Den Gedichtwelthimmel schmücken zierliche weiße Wolkengebilde, und der Blick des Lesers schweift weit hinaus in waldig dunkelnde Ferne.

Es ist Abend. Wie ein Collier auf blauem Sammet strahlen Mond und Sterne. Ja, so gut gefügt und in gelöster Ruhe verharrend ist da ein jedes.

Nur auf der letzten Zeile (Das war gestern noch nicht!) liegt einer erschlagen im Blut, hat schon angefangen zu riechen. Und die Kripo ist immer noch nicht informiert.

Die fromme Gedichtweltperson

Sie kniet in ihrem kleinen Zeilentempel und betet inbrünstig, daß Gott sie besuchen komme. Manchmal naht er ihr wirklich. Dann füllt seine übergedichtweltirdische Anwesenheit den kultischen Wortraum. Dann muß es sich entscheiden: Verweilt Gott bei ihr etwas länger, und läßt er sich auch noch von ihr umarmen, so hat sie das Glück seiner realisierenden Berührung erfahren, den maßlosen Augenblick, erhört zu sein und poetisch zu gelten.

Aber, ach! Die Umarmung des Überirdischen will nicht immer gelingen. Nur zu oft umgreift die Unglückliche seinen Schatten, und dann kündet ein Rascheln von gewendeten Blättern, daß er, ihre poetische Hingabe verschmähend, achtlos vorbeiging.

Der Gott dort ist der Leser.

Das Lesegeräusch

Poetische Stille der Dinge.
Zeilenstille.
Wortschweigen. Alles hier
ist lyrisch verstummt. Aber doch immer
noch Lesestoff, immer
noch Anschaubares für Leser.
Totale Strophenruhe.
Nichts spricht.
Nur das Gleiten deiner Augen, lieber Leser,
ist zu hören. Nur hier, im Schweigen der Lyrik,
wird dein lesendes Augenrollen vernehmlich.

Es ist das Geräusch, das das Leben als lesendes
und die Gedichtwelt belebendes verursacht,
das Lesegeräusch. Allen Gedicht- und Buchweltpersonen,
für die doch Gelesensein am Leben sein bedeutet,
ist es der süßeste Ton.

»Macht doch mal ein Gedicht daraus!«
baten sie vor gar nicht so langer Zeit
die Buch- und Versweltverwaltung.
Hier ist es.

Gedichte sind wie Brunnen

Gedichte sind wie Brunnen. Sie fließen nur, wenn man aus ihnen schöpfen möchte. Der da so trinkt, ist ihr Leser. Die Lesenden sind wie Wanderer. Sie ziehen rastlos von einem Gedichtbrunnen zum anderen. Zeilenschlürfer. In endloser Reihenfolge spiegelt das Gedichtbrunnenrund ihre Gesichter, doch jedes immer nur für einen relativ kurzen und flüchtigen Lese-Lebensmoment.

Jede solche Quelle hat ihren Gedichtbrunnengeist. Das ist der Dichter. Er läßt sich immer gern mit verschlucken (er hat ja zahllose Leben: für jeden neuen Leser ein neues).

Das Schlimmste für ihn ist, wenn sein Brunnen vergessen wird, wenn die Wanderer immer seltener vorüberkommen und kaum noch jemand trinkt.

Der Krimi im Leben und Lesen

Krimis im Leben sind sehr peinlich zu lesen. Darin möchte niemand mitspielen, niemand möchte Lese-Lebensstoff sein in so einer Geschichte.

»Ich? Aber nein! Ich bitte Sie, Herr Leser! Ich bin doch aus einem ganz anderen Buch. Wie können Sie mich mit diesem häßlichen Thema ...«

Der Krimi im Leben will selbst kein Text und nicht zum Lesen sein. Er wird nur geschrieben, wenn er gelesen ist. Beim Krimi im Leben ist der Verfasser stets der Übeltäter. Den Verfasser zu fassen, ist das Ziel des Lesers.

Krimis in Büchern sind dagegen immer spannend, immer sehr begehrte Lektüre. O, du süße Selbstversenkung in diesen Lese- und Erlebestoff!

»Kennst du den noch nicht? Nein? So lies und schieß ihn mal! Der ist gut, du.«

Krimis in Büchern bieten immer einen Text, der will, daß man sich mit ihm beschäftigt. Lesen läßt er sich nur, wenn er geschrieben ist. Und: Beim Krimi im Buch ist niemals der Verfasser der Übeltäter.

Von ästhetischer Unbarmherzigkeit

Dieses lyrische Ich steht frierend am Wege seiner winzigen, nur ein paar Strophen langen Gedichtwelt und bettelt um die Liebe der Leser. Doch die kümmern sich nicht um den Flehenden. Sie hasten zumeist, ohne achtzugeben, an ihm vorbei. Ja, manche (in ihrem realen Leben sind es sehr angesehene und ordentliche Menschen) werfen dem Ungelesenen abschätzige Blicke und Worte hin. Andere ergehen sich sogar in höhnischem Gelächter, wenn der arme Lyrische den Hut zieht und seine Bitte hervorbringt.

»Dich lieben? Dich noch lesen?« rufen sie verachtungsvoll. »Das ist zuviel verlangt!«

»Aber dann sterbe ich«, schluchzt der Lyrische.

»So stirb!« sagen die Erbarmungslosen. »Dann ist uns allen besser!«

Furchtbar, nicht? Aber wer kann da einschreiten?

Ästhetik ist keine Ethik.

G

Von Unsterblichkeit bei zwei verschiedenen Personenarten

Als Realpersonen, die sie in ihren Büchern darzustellen haben, sind Buchpersonen sterblich. Wenn sie den Lesern realpersönlich nicht gefallen und ihre Geschichte oder Gedichte in der realen Leserwelt keinen Anklang finden, so ist das der Moment, in dem die Lese-Lebensquelle in ihren Büchern versiegt und ihnen die Möglichkeit genommen ist, in der Buchwelt gelesen werdend weiterzuleben.

Als Buchpersonen können Realpersonen jedoch unsterblich sein oder jedenfalls ihren realen Tod lange überleben, wenn Bücher über das berichten, was sie in ihrem Leben an Bemerkenswertem vollbracht haben.

An einem Massengrab

Das hier ist der Friedhof der versäumten Möglichkeiten. Ihrer, lieber Leser, meiner, aller toten Möglichkeiten. Auf gepflegten Kieswegen und unter stumm wachenden Pappeln wandere ich lange zwischen den Gräbern.

»Wie viele haben Sie zu beklagen?« fragt mich der alte runzlige Gärtner.

»Ach, ich weiß nicht genau«, sage ich scheu in meinen weißen Bart. »Es waren so viele.«

»Dann müssen Sie zu den Massengräbern. Die sind dort drüben. Hier liegen nur die individuellen Chancen.«

»Ja«, denke ich. »Das merkt man. Diese Grabstätten sehen gepflegt aus. Der Rasen ist grün und die Blumen blühen hier.«

Dann lenke ich meine bangen Schritte langsam zu der bezeichneten Stelle. Ja, das sind sicherlich Massengräber. Verwahrlost und vergessen mit beinhohem Unkraut darüber. Wer hat denn heute noch Zeit, sich um so viele Tote auf einmal zu kümmern?

Für meine habe ich immerhin einen Veilchenstrauß mit. Den lege ich jetzt andachtsvoll auf den kleinen Hügel, der mein Möglichgewesenes bedeckt, und weine ein paar Tränen um so viel Verpaßtes.

»Herr im Himmel! Sei meinen armen toten Chancen gnädig!« murmele ich. »Und wenn eine Sünderin unter ihnen ist, so nimm es ihr, bitte, nicht übel! Sie war ja kein Fakt.«

Der Antrieb für eine Gedichtweltkutsche

Da steht der prächtige lyrische Viererzug und kann nicht mehr weiterfahren. Die Gedichtweltpferde schnauben ängstlich. Auf den Sitzen erstarren verwundert zwei Gedichtweltpersonen, der Herr Graf und die Frau Gräfin. Auch ihre Hunde haben die Hälse gereckt, sie kauern neben der Kutsche und winseln zum Erbarmen. Der Groom hinten schweigt betreten.

So warten sie auf den Leser, der mitfuhr und der die eigentliche Triebkraft ihres lyrischen Vehikels war, bis er so plötzlich und zum Verdruß der übrigen ausstieg.

»Wohin ist er nur?«

»Sicher Austreten hinter einem Gedichtweltbusch. Wartet ab! Er kommt gleich.«

Aber die Zeit vergeht, und der Leser kehrt nicht mehr zurück.

»Häng es wieder raus!« befiehlt der Graf nach mehreren Stunden unmutig seinem Diener. Der nickt, fischt ein Plakat aus dem Gepäck und macht es an der Droschke fest. Darauf steht: »Wir suchen Lesende zum Mitfahren als Antrieb für unsere lyrischen Pferde- und Lebenskräfte!«

Hamlet sein oder nicht sein?

I

Der Geist in »Hamlet« – Sie wissen Akt 1, Sz. 5 –, dieser Geist – ich kann es kaum fassen – war meines armen Vaters Geist!

Ein dringlicher Ruf von Hamlet (der berühmten Buch- und Versweltperson) bestellte mich vorgestern in die Sujetweltwirklichkeit seiner alten Tragödie.

Ich war neugierig, was er wohl von mir wollte. Hamlet empfing mich auf der Terrasse vor dem Schloß. (Sie kennen sicher das Milieu.)

Ganz aufgeregt (wir sind alte Freunde) sagte er: »Da!« und deutete auf eine Gestalt auf dem Platz. »Der sagt, er sei dein Vater. Sprich mit ihm!«

Ich wandte mich hin und erstarrte. Kein Zweifel! Mein alter Herr! Sehr eingefallen und zerbrochen, aber unverkennbar – er!

Ich stürzte auf ihn zu und – durch ihn hindurch.

»Nicht so stürmisch!« sagte er da (es war auch genau seine Stimme). »Ich bin ja nur ein Geist und kann dich nicht umarmen.«

»Alter Paps!« schrie ich. »Mensch, was haben die nur mit dir angestellt! Ist es wahr, daß du im KZ starbst?«

Er nickte.

Ich (schluckend): »Na, und wie fühlst du dich … jetzt?«

Er (lachend): »Ach, es geht schon. Schöner wäre es freilich, wenn ich dich in diesem Theater häufiger sehen könnte. Aber das geht leider nicht. Du hast keine Ahnung, wie viele Vätergeister – genau solche KZ-Opfer wie ich – heute für eine Erscheinung in ›Hamlet‹ Schlange stehen! Bis die Reihe wieder an mich kommt, verrinnt wohl dein reales Leben. Na, laß uns für dieses kurze Wiedersehen dankbar sein! Es ist schon vorbei. Ade Guter! Gedenke mein!«

2

Ich blieb wie geblendet zurück. Der Himmelsbogen des Theaters schien auf mich herunterzukommen. Das Schloß stand schief, und die Lanzenspitzen der Wachen (es waren Originalbuch- und Versweltpersonen) zeigten erdbodenwärts.

»Komm zu dir!« hörte ich Hamlet neben mir sagen. Er gab mir sein Taschentuch und fragte: »Nun? Was gedenkst du zu tun? Wirst du ihn rächen?«

»Wa... was?« stotterte ich erblassend, »rächen? Meinen Paps?«

Er (gleichmütig): »Na, ja doch! Ist da vielleicht kein Grund zur Rache? In meiner Tragödie erscheinen nur ermordete Vätergeister, welche gerächt werden müssen. Hm«, nach einem prüfenden Blick auf mich, »müßten.«

»Hör zu!« erklärte ich ihm krampfhaft lachend. »In der realen Welt kannst du heute keinen Vater mehr rächen.«

»Räche ihn in der Buch- und Verswelt!« fiel er mir ins Wort. »Mach's wie ich! Suche Vergeltung in einem Stück!«

Ja, und seit vorgestern weiß ich nicht, was machen: Hamlet sein oder nicht?

VERBRECHER VERLAG

Giwi Margwelaschwili

DER VERWUNDERTE MAUERZEITUNGSLESER

Mit Fotos von Alexander Janetzko

80 Seiten
Broschur
12 €

ISBN: 978-3-940426-33-8

In diesem unterhaltsamen Essay spaziert Giwi Margwelaschwili durch Berlin, und liest, was an die Wände geschrieben wurde: »Berlin muss deutsch bleiben« oder »Soft resistance«. Was, fragt sich der Autor, wollen uns die Mauerbedichter damit genau sagen? Margwelaschwili geht – seiner Philosophie folgend – dem ontotextologischen Gehalt der Mauerinschriften auf den Grund und kategorisiert sie. Das Ergebnis ist eine Welttextspielerei auf hohem Niveau.

Verbrecher Verlag | Gneisenaustraße 2a | 10961 Berlin | info@verbrecherei.de
www.verbrecherei.de

VERBRECHER VERLAG

Giwi Margwelaschwili

VOM TOD EINES ALTEN LESERS

Erzählungen

200 Seiten
Hardcover
19,90 €

ISBN: 978-3-940426-14-7

Ein alter Mann wird tot aufgefunden, sein Kopf liegt auf dem Buch, in dem er eben noch ein Gedicht gelesen hatte. Merkwürdigerweise jedoch lebt der Geist des alten Mannes in dem Gedicht weiter, darauf hoffend, die Leserinnen und Leser auf die verborgenen Schönheiten des lyrischen Textes aufmerksam machen zu können. In einer anderen Erzählung sieht sich die Buch- und Versweltverwaltung genötigt, einen alten Diktator, dem es in seinem Geschichtsbucheintrag zu eng geworden ist, mit der Selbstlektüre seiner Werke zu beschäftigen – bis er um Gnade bittet! Kann sie außerdem den Reiter vom Bodensee davor retten, nach der Überwindung der Gefahr doch noch sterben zu müssen? In den sechs Erzählungen Margwelaschwilis wird die Welt der Texte, wie wir sie kennen, auf den Kopf gestellt und kräftig durchgeschüttelt. Und das sehr zur Unterhaltung seiner Leserinnen und Leser!

VERBRECHER VERLAG

Giwi Margwelaschwili

DER KANTAKT

Originalausgabe
800 Seiten
Hardcover
36 €

ISBN: 978-3-940426-19-2

In »Der Kantakt« wird der große deutsch-georgische Autor Giwi Margwelaschwili erstmals selbst zu einer Figur seiner Lese- und Lebenswelten. 1995 ist er Stadtschreiber von Rheinsberg – folgerichtig liest er dort »Rheinsberg – Ein Bilderbuch für Verliebte« von Kurt Tucholsky.

Und er versucht, mit Tucholskys Liebespaar in Kontakt zu treten, um sie darauf aufmerksam zu machen, dass ihre Liebe daher unvergänglich ist. Dass sie immer, wenn ein neuer Leser das Buch aufschlägt, ihre wunderbare Romanze neu erleben werden, dass ganz im »schönen Augenblick« Goethes verweilen dürfen.

Doch die Kontaktaufnahme gestaltet sich schwierig. Zunächst erlebt Margwelaschwili skurrile Situationen. So lernt er »Hintergrundpersonen« der Geschichte kennen und philosophiert mit ihnen über ihre Wirklichkeit. Dem verliebten Paar aber kann er sich nicht nähern …

In diesem zum Teil autobiographischen Roman geht es zugleich um die Auswirkung des Kalten Krieges auf Margwelaschwilis Lebensumstände, um seinen intellektuellen Werdegang während seines erzwungenen Aufenthaltes in Georgien. Alles ist miteinander verwirkt und tritt in »Kantakt« zueinander.

Dieser mit viel Raffinement ausgeklügelte Essayroman befasst sich mit den Auswirkungen der Politik auf die Literatur und auf das 20. und das beginnende 21. Jahrhundert.

»Giwi Margwelaschwili ist ein weiser Anarchist, ein närrischer Philosoph, einer, der Grenzen erkennt, aber nicht anerkennt.«
Katja Lange-Müller

Verbrecher Verlag | Gneisenaustraße 2a | 10961 Berlin | info@verbrecherei.de
www.verbrecherei.de

VERBRECHER VERLAG

Giwi Margwelaschwili

KAPITÄN WAKUSCH

Bd. 1: In Deuxiland
Bd. 2: Sachsenhäuschen

416 Seiten
Hardcover
26,00 €

ISBN : 978-3-940426-65-9

Die ersten beiden Bände von Giwi Margwelaschwilis autobiographischem Romanwerk »Kapitän Wakusch« sind seit langem vergriffen und in Antiquariaten sehr begehrt. Nun sind sie endlich wieder zu haben!

Im ersten Band »In Deuxiland« beschreibt er seine Jugend als Ausländer im Dritten Reich. Doch ist er nicht nur ein Exiliantenkind in Deutschland – als Jazzliebhaber, der sich in der Jazzbar »Kakadu« der verbotenen Musik hingibt, ist er zugleich ein jugendlicher Rebell. Mit dem Kriegsende endet der erste Band, der zweite Band »Sachsenhäuschen« nimmt den Faden wieder auf – nun ist Wakusch, das alter Ego Margwelaschwilis, plötzlich ein Gefangener der Sowjets. Er wird nach einer Odyssee durch verschiedene Kerker in das berüchtigte Speziallager Nr. 7 verbracht, dem ehemaligen Konzentrationslager Sachsenhausen. Dort erlebt er Elend und Demütigung, aber auch Lichtblicke, etwa eine Theateraufführung mit dem Mitgefangenen Heinrich George …

In »Kapitän Wakusch« schildert Margwelaschwili die Welt- und seine Lebensgeschichte scheinbar leichthin, in origineller Sprache, ohne aber je die Möglichkeit der Selbstverständigung und der Selbstbefreiung aufzugeben – ein Zeitdokument und zugleich große Literatur!

Verbrecher Verlag | Gneisenaustraße 2a | 10961 Berlin | info@verbrecherei.de

www.verbrecherei.de

VERBRECHER VERLAG

Giwi Margwelaschwili

FLUCHTÄSTHETISCHE NOVELLE

132 Seiten
Leinen mit Lesebändchen
18 €

ISBN: 978-3-943167-01-6

Schönefeld, August 1947: Der Nachkriegsgefangene Kapitän Wakusch besteigt bang das Flugzeug, das ihn in das ferne, unbekannte Georgien bringen soll. Doch die Maschine will nicht abheben: Wieder und wieder drehen sich die Propeller, wieder und wieder gehen die Fluggäste an Bord. Wie kann das sein? Kapitän Wakusch ist eine Buchfigur, dessen Buch unter Leserschwund leidet. Ohne Leser aber kann sich bekanntlich keine Geschichte weiterentwickeln, denn niemand füllt sie mehr mit Leselebenskraft aus. Kapitän Wakusch muss einen Weg finden, sein Schicksal selbst in die Hand zu nehmen …

Mit großem philosophischen Scharfsinn und sehr viel Witz schildert Giwi Margwelaschwili in seiner »Fluchtästhetischen Novelle« die Welt der Buchfiguren.

»Giwi Margwelaschwili ist an Originalität und Eigensinn kaum zu übertreffen, die Hintergründigkeit und Verknüpfung aller möglicher Ebenen machen seine Literatur zu etwas Besonderem. Es sind wahre Leseabenteuer, die der deutsch-georgische Schriftsteller in deutscher Sprache vorlegt.«
Stefan Berkholz / Passagen – WDR 3

Verbrecher Verlag | Gneisenaustraße 2a | 10961 Berlin | info@verbrecherei.de

www.verbrecherei.de